BEI GRIN MACHT SICH IHR WISSEN BEZAHLT

- Wir veröffentlichen Ihre Hausarbeit,
  Bachelor- und Masterarbeit

- Ihr eigenes eBook und Buch -
  weltweit in allen wichtigen Shops

- Verdienen Sie an jedem Verkauf

Jetzt bei www.GRIN.com hochladen und kostenlos publizieren

Bibliografische Information der Deutschen Nationalbibliothek:

Die Deutsche Bibliothek verzeichnet diese Publikation in der Deutschen National-
bibliografie; detaillierte bibliografische Daten sind im Internet über http://dnb.d-
nb.de/ abrufbar.

Impressum:

Copyright © 2016 GRIN Verlag, Open Publishing GmbH
Druck und Bindung: Books on Demand GmbH, Norderstedt Germany
ISBN: 9783668595033

Dieses Buch bei GRIN:

https://www.grin.com/document/382570

Ann-Kathrin Stahl

Der Umgang mit Dialekten und Plurizentrik im "Deutsch als Fremdsprache" (DaF) Unterricht

GRIN Verlag

GRIN - Your knowledge has value

Der GRIN Verlag publiziert seit 1998 wissenschaftliche Arbeiten von Studenten, Hochschullehrern und anderen Akademikern als eBook und gedrucktes Buch. Die Verlagswebsite www.grin.com ist die ideale Plattform zur Veröffentlichung von Hausarbeiten, Abschlussarbeiten, wissenschaftlichen Aufsätzen, Dissertationen und Fachbüchern.

Besuchen Sie uns im Internet:

http://www.grin.com/

http://www.facebook.com/grincom

http://www.twitter.com/grin_com

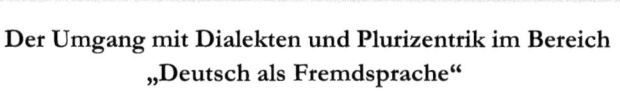

Der Umgang mit Dialekten und Plurizentrik im Bereich „Deutsch als Fremdsprache"

Inhaltsverzeichnis

1 EINLEITUNG..1

2 STANDARDSPRACHE UND DIALEKTE...2
2.1 DIE STANDARDSPRACHE DEUTSCH UND IHR PLURIZENTRISMUS...2
2.2 DIALEKTE, REGIOLEKTE UND REGIONALSPRACHEN..3
2.3 DIALEKTE IM DEUTSCHSPRACHIGEN RAUM 6

3 DIALEKTE UND PLURIZENTRISMUS IM DAF-UNTERRICHT............................7
3.1 KRITIK AM BISHERIGEN UMGANG MIT DIALEKTEN UND PLURIZENTRISMUS IM DAF-
UNTERRICHT 8
3.2 DIE ROLLE DER LEHR-/LERNVORAUSSETZUNGEN FÜR DAS THEMATISIEREN VON
VARIETÄTEN IM DAF-UNTERRICHT...9

4 DIALEKTE UND PLURIZENTRISMUS IN DAF-LEHRWERKEN UND
MATERIALIEN 11

5 SCHLUSS 13

6 LITERATURVERZEICHNIS

7 ABBILDUNGSVERZEICHNIS

1 Einleitung

„Guden Doach", „Servus", „Gemosche", „Moin", „Guatä Morgä" oder „Griaß God" – so oder ähnlich dürften die morgendlichen Begrüßungsfloskeln in verschiedenen Teilen des deutschsprachigen Raumes lauten. Würde im DaF-Unterricht allerdings nur die Standardsprache Deutsch vermittelt werden, also als allgemeingültige Begrüßungsformel in der Frühe ein „Guten Morgen" gelehrt werden, entginge den Lernenden ein wichtiger Aspekt der deutschen Sprache und Kultur, nämlich die Varietätenvielfalt. Zudem dürften Lernende in einem deutschsprachigen Land Schwierigkeiten mit der Kommunikation haben, denn durch das ausschließliche Erlernen der Standardsprache „[...] lernt der Ausländer ein Deutsch, das kein Deutscher im Alltagsgespräch verwendet" (Durrell 1995: 425). Durrell verweist hiermit auf ein Dilemma, das seit geraumer Zeit für rege Diskussionen im Bereich Deutsch als Fremdsprache sorgt. Der Umgang mit der Vielfalt der Varietäten der deutschen Sprache und besonders das Thematisieren von Dialekten im fremdsprachlichen Unterricht Deutsch stellt für Lehrende und Lernende, sowie die Autorenschaft diverser DaF-Lehrwerke eine große Herausforderung dar (vgl. Studer 2002: 113). So bringt Studer mit seinem Aufsatz, „Dialekte im DaF-Unterricht, ja aber...", zum Ausdruck, dass eine generelle Ablehnung gegenüber Dialekten im DaF-Unterricht nicht zu beobachten ist. Eher das Gegenteil ist der Fall: Aus Gründen der Kommunikation und Handlungsorientierung wünschen sich viele Lehrende und Lernende einen möglichst realitätsnahen, authentischen Sprachunterricht. Dieser befähigt Lernende im Land der Zielsprache erfolgreich kommunizieren und interagieren zu können. Gleichzeitig verweist Studer allerdings auch auf das vormals genannte Dilemma, denn trotz des vorhandenen Willens, Dialekte und den Plurizentrismus der deutschen Sprache im DaF-Unterricht zu thematisieren, herrscht weiterhin eine starke Unsicherheit dahingehend, wie dies methodisch zu bewältigen ist (vgl. Studer 2002: 113).

Ziel dieser Ausarbeitung ist es daher, zu ermitteln, welchen Zugewinn das Thematisieren von Dialekten und das Einbeziehen des Plurizentrismus der deutschen Sprache für den fremdsprachlichen Unterricht Deutsch darstellen. Außerdem soll ermittelt werden, in welcher Form dieser in vorhandenen Lehrwerken bisher repräsentiert ist. Folglich wird in den nachstehenden Kapiteln zunächst definiert, was unter einer Standardsprache, einem Dialekt, einem Regiolekt, einer Regionalsprache und dem Aspekt des Plurizentrismus zu verstehen ist. Im Anschluss daran widmen sich die folgenden Kapitel der Ermittlung der Vorteile des Behandelns von Dialekten und des plurizentrischen Charakterzugs des Deutschen. Zuletzt werden Lehrwerke unter diesem Stichwort näher betrachtet und im abschließenden Kapitel werden die wichtigsten Erkenntnisse aus diesen Analysen zusammengefasst und ein Ausblick auf weitere Forschungsansätze geboten, der die Arbeit mit Dialekten und Plurizentrismus im DaF-Unterricht noch einmal thematisiert.

2 Standardsprache und Dialekte

Wie in der Einleitung bereits angedeutet wurde, sollen im Folgenden zunächst Begrifflichkeiten aus den Bereichen „Standardsprache", „Dialekte", „Regiolekte" und „Regionalsprachen" erläutert und voneinander abgegrenzt werden, da diese anschließend in einer Analyse der Situation des deutschen Sprachraums Verwendung finden. Darüber hinaus wird im nachstehenden Kapitel erläutert, inwiefern Deutsch als eine plurizentrische Sprache bezeichnet werden kann und welche Auswirkungen diese Eigenschaft auf das Sprachverständnis hat. Eine entsprechende Definition und Differenzierung der Begriffe voneinander ist also nicht nur notwendig, um diese im deutschsprachigen Raum identifizieren zu können, sondern trägt maßgeblich dazu bei, ihren Einsatz im Unterricht des Faches Deutsch als Fremdsprache untersuchen zu können. Da das Ziel dieser Arbeit ist, aufzuzeigen, dass Dialekte durchaus eine Legitimation haben, im DaF-Unterricht thematisiert zu werden und darüber hinaus deren Behandlung in vorhandenen Lehrwerken zu analysieren, bietet das folgende Kapitel eine theoretische Basis für weitere Überlegungen.

2.1 Die Standardsprache Deutsch und ihr Plurizentrismus

Als Standard-, National- oder Literatursprache werden im Allgemeinen Sprachen bezeichnet, die nicht nur in ihrer mündlichen Form Verbindlichkeit besitzen, sondern auch über eine weitgehend schriftlich festgehaltene Norm verfügen, die sowohl auf orthographischer, lexikalischer, morphologischer, syntaktischer, als auch phonetischer Ebene greift (vgl. Glück/Sauer 1997: 157). Die Verbreitung und Kontrolle der Normierung erfolgt in der Regel durch das Bildungssystem, sowie durch ihr angehörende Institutionen und auch durch öffentliche Medien, wie etwa Printmedien, das Radio, das Fernsehen oder das Internet (vgl. ebd. 2008: 680). Diese Normierung erlaubt es Sprechenden verschiedener Dialekte über die Grenzen ihrer Region hinaus, miteinander in einem Sprachraum zu kommunizieren und wird daher von den Sprechenden als „öffentliches Verständigungsmittel" oder „Dachsprache" betrachtet (vgl. Bußmann 2008: 680 beziehungsweise Kloss 1978: 23).

Synonym verwendet wird in diesem Kontext oftmals der Begriff der „Hochsprache" (vgl. ebd. 2008: 680). Dieser Begriff verdeutlicht laut Bußmann, dass die Standardsprache eine „deskriptive Bezeichnung für die historisch legitimierte, überregionale, mündliche und schriftliche Sprachform der sozialen Mittel- bzw. Oberschicht" darstellt (2008: 680). Anhand dieser Definition Bußmanns wird zudem besonders die Verbindung zwischen der Standard- beziehungsweise Hochsprache und der Mittel- beziehungsweise Oberschicht akzentuiert. Als Gegenpol zu dieser Begrenzung auf bestimmte soziale Gruppen nennt Bußmann als vorrangiges „Ziel aller sprachdidaktischen Bemühungen" die Beherrschung der Standardsprache (ebd. 2008: 680) aller Angehörenden eines Sprachraums. Im Falle der Standardsprache Deutsch bedeutet dies, dass nicht nur alle in Deutschland vertretenen sozialen Gruppen, sondern auch Deutschsprechende in Österreich und der Schweiz, des Deutschen mächtig sein sollten, da die diese Sprache auch dort als Standard-, sowie Amtssprache vorherrscht. Dies bedeutet also, dass das Deutsche die offizielle Sprache ist, die nicht nur für den amtlichen Verkehr zugelassen ist, sondern darüber hinaus auch die Sprache der Gesetzgebung, Verwaltung und Verhandlungen in Deutschland, Österreich und der Schweiz ist (Glück 2010: 37). Da Deutsch also eine Sprache mit mehr als nur einem nationalen Bezugspunkt darstellt, die darüber hinaus jeweils ihre eigene Varietät herausbilden, wie etwa das so genannte „Schweizerdeutsch", spricht man in diesem Zusammenhang auch von einer *plurizentrischen* Sprache (vgl. Bußmann 2008: 535). Obwohl also deutlich ausgeprägte Unterschiede vorhanden sind, rechtfertigen diese noch keine Bezeichnung des Schweizerdeutschen als eigene Sprache. Viel mehr wird bei diesem Ansatz davon ausgegangen, dass es sich um eine nationale Varietät des Deutschen „mit eigenständigen Merkmalen auf allen linguistischen Beschreibungsebenen" handelt, da auf Ebene der öffentlichen Verwaltung und Ordnung noch immer das Standarddeutsche vorherrscht, während in Alltagssituationen auf die Umgangssprache oder Mundart zurückgegriffen wird (ebd. 2008: 610). An dieser Stelle sei angemerkt, dass erste Bestrebungen, das Deutsche als plurizentrische Sprache anzuerkennen, vor allem durch Forschungen aus dem Ausland vorangetrieben wurden, die den unizentrischen Ansatz vieler vorhandener Lehrwerke und bisheriger Unterrichtstraditionen im Bereich Deutsch als Fremdsprache in Frage stellen (vgl. Ammon 1997: 143). Diese Kritik entstand vor allem vor dem Hintergrund der Erfahrung vieler Deutschlernender im Bezug auf die Diskrepanzen zwischen der im DaF-Unterricht erlernten Standardsprache und den im Zielsprachenland vorgefundenen tatsächlichen sprachlichen Varietäten des alltäglichen Lebens (vgl. ebd. 1997: 143). Folglich sind Unterschiede auf phonetischer, phonologischer, morphologischer, syntaktischer, semantischer, lexikalischer und pragmatischer Ebene keine Seltenheit. Eben jene Unterschiede sind allerdings auch bei so genannten „Dialekten" häufig vorzufinden. Um dennoch zwischen einer Varietät der deutschen Sprache im Sinne des Plurizentrismus und einem herkömmlichen Dialekt differenzieren zu können, wird im nachstehenden Kapitel näher erforscht, welche Eigenschaften den Dialekten inhärent sind und wie sich diese in einem nächsten Schritt von Regiolekten und Regionalsprachen von ihrer Bedeutung her absetzen.

2.2 Dialekte, Regiolekte und Regionalsprachen

Neben der in Kapitel 2.1 eingehend beschriebenen Hoch- oder Standardsprache, existieren also in der Regel noch weitere sprachliche Varietäten, wie etwa so genannte „Dialekte", „Regiolekte" und „Regionalsprachen". Um diese im deutschsprachigen Raum entsprechend identifizieren und voneinander abgrenzen zu können, widmet sich dieses Kapitel zunächst der Erläuterung der Begrifflichkeiten. Diese Begrifflichkeiten werden in den darauffolgenden Kapiteln dazu benötigt, um zu verdeutlichen, welche Rolle Dialekte, Regiolekte und Regionalsprachen im fremdsprachlichen Unterricht Deutsch einnehmen.

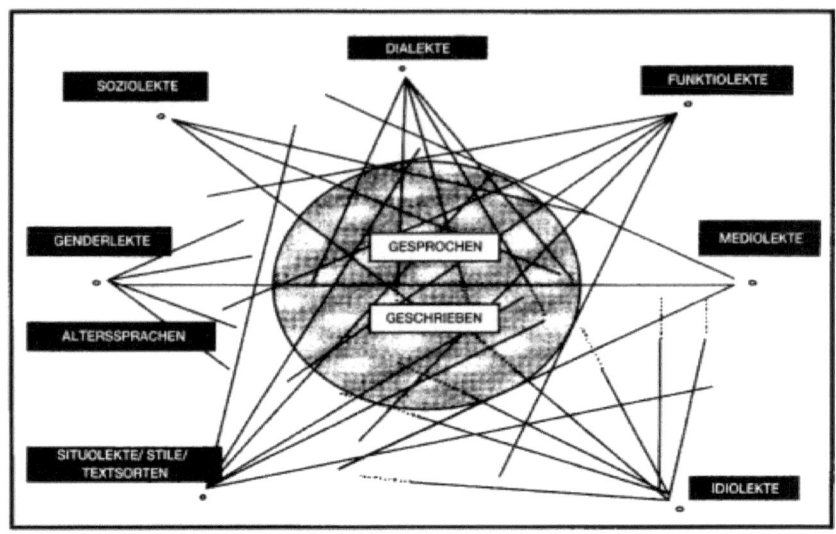

Abbildung 1: Soziolinguistisches Varietätenmodell (Löffler 2005: 79)

Wie anhand des soziolinguistischen Varietätenmodells nach Löffler in Abbildung 1 ersichtlich wird, können die Varietäten eines Sprachsystems zunächst in zwei Kategorien eingeteilt werden. Löffler unterscheidet hierbei zwischen gesprochenen und geschriebenen Varietäten (2005: 79). Die zu Beginn dieses Kapitels genannten Dialekte, befinden sich in der Kategorie der gesprochenen Sprache. Diese Einordnung erfolgt aufgrund der Tatsache, dass Dialekte vor allem in oraler Form Verwendung finden, oft auch als „Mundart" bezeichnet werden (vgl. Barbour/Stevensen 1998: 61), in der Regel weder über eine grammatische, noch eine orthographische Normierung beziehungsweise Standardisierung verfügen und zudem eher selten als Schriftsprache verwendet werden. Dies spiegelt sich natürlich auch in dem Begriff „Dialekt" selbst wider. Er stammt von dem griechischen Wort *diá-lektos* ab, das übersetzt so viel wie „Redeweise" bedeutet (vgl. Bußmann 2008: 131). Ein Dialekt stellt – ganz im Gegensatz zur übergreifenden Standardsprache – eine sprachliche Varietät dar, die nur in einem begrenzten geographischen Raum Gültigkeit besitzt (vgl. ebd. 2008: 131). Obwohl ein Dialekt zumeist eine hohe Ähnlichkeit zu anderen Sprachsystemen aufweist, existiert dennoch eine ganze Reihe von Unterschieden im Hinblick auf die sprachlichen Merkmale der einzelnen Dialekte, die diese einmalig machen. So zeichnen sich Dialekte durch unterschiedlich starke Ausprägungen auf phonetischer, phonologischer, morphologischer, syntaktischer, semantischer, lexikalischer und pragmatischer Ebene aus (vgl. ebd. 2008: 131).[1]

In der heutigen Zeit wird jedoch immer wieder diskutiert, ob Dialekte von so genannten „Regiolekten" abgelöst werden. Der Unterschied besteht hierbei besonders darin, dass Regiolekte

---

[1] Eine Reihe von exemplarischen Analysen und Beispielen für die unterschiedlich starken Ausprägungen der Dialekte auf phonetischer, phonologischer, morphologischer, syntaktischer, semantischer, lexikalischer und pragmatischer Ebene, findet sich unter anderem in: Barbour, S./Stevenson, P. (1998): *Variation im Deutschen. Soziolinguistische Perspektiven.* Berlin/New York: DeGruyter.

aufgrund ihres – im Vergleich zum Dialekt – größeren Einzugsgebiets mehr Sprechende einer Varietät umfassen und dabei nicht jeden Dialekt für sich, sondern eher ein Zusammenfassen mehrerer Dialektgruppen darstellt. Gerade die schwindenden Zahlen Dialektsprechender begünstigen eine solche Entwicklung, da ein gänzliches Aussterben der Varietäten so zumindest weiterhin hinausgezögert werden kann (Radatz 2013: 6). Des Weiteren stellt der Regiolekt eine Art Zwischenstufe von Standardsprache und Dialekt, da hierbei Elemente beider miteinander kombiniert werden. Die Konsultation etablierter sprachwissenschaftlicher Lexika wiederum zeigt, dass der Begriff des Regiolekts bislang scheinbar noch keinen festen Platz in dieser Fachdisziplin erlangt hat. So finden sich weder im *Metzler-Lexikon Sprache* (Glück 2010), noch im Bußmannschen *Lexikon der Sprachwissenschaft* (2008) entsprechende Einträge. Auch der Begriff der Regionalsprache wird in genannten Werken nicht thematisiert. Neuere Arbeiten wie die von Radatz (2013: 6ff) verhandeln daher über eine neue Begriffsbestimmung. So argumentiert Radatz beispielsweise:

> Im europäischen Rahmen könnte man den Begriff Regionalsprache locker definieren als eine staatenlose autochthone Abstand- oder Ausbausprache, die über ein Mindestmaß an Standardisierung verfügt. Nach dieser Definition wären das Kymrische in Großbritannien, das Baskische in Spanien und Frankreich und das Galicische in Spanien klare Beispiele von Regionalsprachen – die ersten beiden als Abstand- und das Galicische als Ausbausprache. Als Gegenbeispiel fällt das Elsässische dagegen in Ermangelung einer effektiven Standardisierung nicht unter den Begriff Regionalsprache, sondern ist eine dachlose (bzw. französisch fremdüberdachte) Außenmundart des Deutschen. (2013: 6)

Ausgehend von dieser Definition einer Regionalsprache, repräsentieren geographische und politische Grenzen keine Möglichkeit, eine Regionalsprache einzugrenzen. Vielmehr wird hier ein Modell von staatenübergreifenden Sprachen vorgestellt, das sich durch eine gewisse Standardisierung auszeichnet. Das Elsässische fällt in dieser Klassifizierung aus der Kategorie der Regionalsprachen heraus, da es weder über eine schriftliche, noch über eine mündliche Standardisierung verfügt. Das Elsässische als gesprochene Sprache verfügt zudem über viele verschiedene dialektale Prägungen, die je nach geographischer Position variieren und deren Eigenheiten nicht in schriftlicher Form vorliegen. Hingegen kann beispielsweise das Friesische als Regionalsprache klassifiziert werden (vgl. Radatz 2013: 7), da es einen gewissen Konsens in Bezug auf die Standardisierung des Friesischen gibt, dessen Entwicklung über Jahrhunderte, bis zu seinem heutigen Stand, schriftlich festgehalten wurde. Daher kann belegt werden kann, dass es nicht nur die Dialekte des West- und Nordfriesischen abdeckt, sondern gleichzeitig eine Norm darstellt mithilfe derer die Kommunikation und Annäherung Angehörender Dialektgruppen begünstigt wird (vgl. ebd. 2013: 8). Da im deutschsprachigen Raum noch eine ganze Reihe weiterer Dialekte und Regionalsprachen besteht, die – je nach konsultierter Literatur – stark in ihrer Einordnung oszillieren, stellt das nachfolgende Kapitel den Versuch einer entsprechenden Klassifizierung dar.

2.3 Dialekte im deutschsprachigen Raum

Wie bereits im vorherigen Kapitel erwähnt, sind im deutschsprachigen Raum neben der Standardsprache Deutsch, eine ganze Reihe von Dialekten und Regiolekten, sowie Regionalsprachen vorhanden. Im Allgemeinen nimmt man im Hinblick auf die Verortung der Dialekte in Deutschland selbst eine grobe Zweiteilung vor (vgl. Wagener 2002: 314ff). So unterscheidet man aus historischer Sicht zu allererst zwischen den Dialekten des Hochdeutschen und des Niederdeutschen. Das hochdeutsche Dialektspektrum gilt als Grundlage für die Entwicklung der heutigen Hoch- oder Standardsprache, die in Kapitel 2.1 näher erläutert wurde. Einen etwas anderen Blickwinkel bietet die geographische Perspektive, bei der man von einer Dreiteilung der Dialekte in Deutschland ausgeht. Im Norden ist die Niederdeutsche-/Hochdeutsche-Grenze vorzufinden, während die Rheinische Fächer eine Zone der Abgrenzung zur Mitteldeutsch-/Oberdeutsch-Grenze im Süden darstellt (vgl. ebd. 2002: 314ff). Aus linguistischer Perspektive jedoch, ist die – den Forschungen des Instituts der deutschen Sprache – folgende Einteilung der Dialekte Deutschlands in sechzehn Dialektgruppen von besonderem Interesse. Diese Einteilung ist anhand von Erhebungen im Bereich der gesprochenen Sprache erfolgt, bei der sprachliche Merkmale auf phonetischer, phonologischer, morphologischer, syntaktischer, semantischer, lexikalischer und pragmatischer Ebene als Indizes für die Einteilung der Dialekte verwendet wurden (vgl. ebd. 2002: 314ff). Hierbei haben sich die folgenden Dialektgruppen, in einer groben Reihenfolge ihrer geographischen Lokalisation von Norden nach Süden herauskristallisiert: das Holsteinische, das Nordniedersächsisch, das Niederfränkische, das Westfälische, das Ostfälische, das Märkische, das Obersächsische, das Westthüringische, das Rheinfränkische, das Mittelfränkische, das Ostfränkische, das Südfränkische, das Nordbairische, das Mittelbairische, das Schwäbische und das Niederalemannische.[2]

Diese Einteilung von Dialekten deutet bereits an, dass allein in Deutschland eine riesige Anzahl von Dialekten vorhanden ist. In den meisten Betrachtungen finden sich bis zum heutigen Tage nur selten Zeugnisse einer Auseinandersetzung mit den Dialekten des Deutschen in Österreich und der Schweiz. Zwar wird im Zuge des plurizentrischen Ansatzes oftmals die dort vorherrschende Varietät, wie zum Beispiel das Schweizerdeutsche im Falle der Schweiz, zum Gegenstand der Betrachtung gemacht, doch missen diese einer eingehenden Analyse weiterhin vorhandener dialektaler Ausprägungen. Nichtsdestotrotz wurde in diesem Kapitel deutlich, dass das Deutsche im Hinblick auf seine Dialekte mit einer großen Vielfalt aufwarten kann, die nicht nur Teil der deutschen Sprache, sondern auch Teil der deutschen Kultur sind, da sie einen langen historischen Hintergrund haben und als identitätsstiftend von den Dialektsprechenden angesehen

---

2 Natürlich existieren weitere Erhebungen, in denen auch den kleinsten Dialekten Beachtung geschenkt wird, doch würde eine Analyse dieser den Rahmen dieser Ausarbeitung sowohl inhaltlich, als auch den Umfang betreffend, überschreiten. Für eine detailliertere Betrachtung empfiehlt sich beispielsweise der Dialektatlas der Deutschen Welle (URL: <http://www.dw.com/de/deutsch-lernen/dialektatlas/s-8150>).

werden. Folglich wird in den nachstehenden Kapiteln der Frage nachgegangen, ob eine Thematisierung der Dialekte im DaF-Unterricht didaktisch sinnvoll ist und in welcher Form und in welchem Umfang diese erfolgen könnte.

3 Dialekte und Plurizentrismus im DaF-Unterricht

Die Diskussion darüber, ob regionale Varietäten im Deutsch als Fremdsprache-Unterricht thematisiert werden sollen, besteht bereits seit geraumer Zeit. So wurden schon in den 1970ern erste Rufe nach einem Einbeziehen der deutschen Dialekte in den Fremdsprachenunterricht Deutsch laut. Es wird nicht nur argumentiert, dass die gesprochene Alltagssprache im deutschsprachigen Raum stark von der gelehrten Hochsprache in Lehrwerken und Kursen abweicht, sondern auch, dass im Zuge einer interkulturellen Ausbildung der Lernenden eine Sensibilisierung für Sprachvarietäten erfolgen müsse, da diese einen Teil der Kultur ausmachen (vgl. Durrell 1994: 419). Außerdem soll durch das Schaffen eines Bewusstseins für bestehende Unterschiede zwischen Standardsprache und Varietäten verhindert werden, dass Lernende Interferenzfehlern aufsitzen (vgl. ebd. 1994: 421). So kann eine mangelnde Vorkenntnis in Bezug auf beispielsweise Dialekte und deren Einsatz durch verschiedene Akteure in den unterschiedlichsten Situationen dazu führen, dass Lernende Sichtweisen beziehungsweise den Stellenwert einer Varietät wie etwa den des Dialekts, falsch einschätzen. Während zum Beispiel in Deutschland keine soziale Stigmatisierung aufgrund der Tatsache, dass jemand Dialekt spricht, erfolgt, könnten Lernende aus England schnell einen Übertragungsfehler machen, indem sie die in England mit vielen Dialekten verbundene Stigmatisierung auch auf deutsche Dialektsprechende übertragen.[3] Ein ähnliches Phänomen stellt das so genannte „*code switching*" dar. Beim *code switching* geht des um den Wechsel der Sprache oder Varietät innerhalb eines Sprechaktes (vgl. Poplack 1980: 581ff.) [4]. Der Wechsel ist also abhängig von der Kommunikationssituation, den Sprechenden und deren Sprachverhalten. Da Dialekte besonders in Situationen des alltäglichen Lebens und der Freizeit, jedoch weniger im wissenschaftlichen oder beruflichen Umfeld genutzt werden, kann ein unreflektierter Umgang und ein unzureichend geschultes Bewusstsein dazu führen, dass Lernende nicht wissen, in welchen Situationen Dialekte oder aber die Hochsprache zum Einsatz kommen sollten. Dies führt in der Folge zu Missverständnissen und Kommunikationsproblemen, die durch das Thematisieren von Sprachvarietäten im DaF-Unterricht vermieden werden könnten (vgl. ebd. 1994: 124).

---

[3] Eine Reihe von Beispielen, die illustrieren, auf welche Weise Dialektsprechende aufgrund ihres Dialektes negativ von ihren Mitmenschen bewertet werden, findet sich unter anderem in Durrell, M. (1995): "Sprachliche Variation als Kommunikationsbarriere." In: Popp, H. (Hrsg.): *Deutsch als Fremdsprache: an den Quellen eines Faches*. München: Iudicium, S. 417-430.

[4] Für eine eingehende Betrachtung des Phänomens des „*code switching*" sei an dieser Stelle auf Poplack verwiesen: Poplack, Shana (1980): "Sometimes I'll start a sentence in Spanish y termino en enspañol: Toward a typology of code-switching." In: *Linguistics 1980*, Volume 18, issue 7/8, 581–618.

Doch der Kontrast zwischen Einheit und Vielfalt der deutschen Sprache (vgl. Hägi 2006: 35) stellt ein komplexes Feld dar, dem Lehrende von Deutsch als Fremdsprache oft ratlos entgegensehen. Auf der einen Seite stellt das Hoch- oder Standarddeutsche eine Norm dar, die bereits seit Jahrzenten in DaF-Lehrwerken und Kursen etabliert ist und die ihre Legitimation zum Beispiel durch das Bildungssystem, den Verwaltungsapparat, Grammatiken und Diktionäre, sowie die öffentlichen Medien aufrecht erhält. Auch die Tatsache, dass die Standardsprache Deutsch nicht nur mündlich, sondern auch schriftlich genutzt wird und niedergelegt ist, sollte in diese Analyse mit einbezogen werden. So eint das Deutsche in gewisser Weise – aufgrund seines plurizentrischen Wesens – verschiedene geographische Regionen und gesellschaftliche Gruppierungen, wie etwa Deutschland, die Schweiz und Österreich. Dies trägt dazu bei, dass Lehrende und Verfassende von Lehrwerken zumeist auf die Standardsprache vertrauen und daher auch im Unterricht auf sie zurückgriffen wird. Auf der anderen Seite jedoch hat bereits Kapitel 2.3 anschaulich gezeigt, dass die deutsche Sprache sehr reich an sprachlichen Varietäten ist und mit einem großen Facettenreichtum aufwartet. Doch wie sollen DaF-Lehrende mit dieser sprachlichen Vielfalt nun umgehen – „welches Deutsch sollen wir lehren" (Hensel 2000)?

3.1 Kritik am bisherigen Umgang mit Dialekten und Plurizentrismus im DaF-Unterricht

Auf die im vorherigen Kapitel gestellte Frage „welches Deutsch sollen wir lehren?" (Hensel 2000) gibt es bis zum heutigen Tage keine eindeutige Antwort. Es herrscht weiterhin kein Konsens darüber, ob zum einen Dialekte und Plurizentrismus verbindlich zum Unterrichtsgegenstand gemacht werden sollten und zum anderen, welche „Norm" für Dialekte gilt – zeichnen sich diese doch gerade ob ihrer vielfältigen Erscheinungsformen aus. Als Lehrkraft befindet man sich daher inmitten des Spannungsfeldes von Standardsprache und Varietätenvielfalt. Natürlich bietet ein Unterrichtsgeschehen, das rein auf die Vermittlung der Standardsprache ausgerichtet ist, eine gewisse Sicherheit für Lehrende und Lernende (vgl. Baßler/Spiekermann 2002: 33), da sie sich auf die im vorigen Kapitel beschriebene Legitimation der Hochsprache[5] berufen können und durch die schriftliche Normierung der Sprache und ihrer Verwendung in klassischen literarischen Werken eine fundierte Begründung für das Lehren der Standardsprache finden (vgl. König 1997: 246).

Wie allerdings bereits in der Einleitung dieser Arbeit erwähnt, wird im Sinne eines kommunikativen und handlungsorientierten Unterrichts vermehrt der Wunsch nach möglichst authentischem Unterricht und folglich auch nach einer realitätsnahen Sprachvermittlung laut. Um diesem Wunsch also entsprechen zu können, muss bereits in der Ausbildung von Lehrkräften „der Grundstein hierfür gesetzt werden". So ist es unumgänglich, Lehrende für die Vielfalt der deutschen Sprache zu sensibilisieren und ihnen Möglichkeiten vorzustellen, diese didaktisch gewinnbringend in ihrem Unterricht umzusetzen (vgl. Baßler/Spiekermann 2002: 32). Ein

---

[5] Ausgehend von der Definition von Standardsprachen in Kapitel 2.1 wird der Begriff „Hochsprache" in diesem Kontext Synonym zu dem der „Standardsprache" verwendet.

Einbeziehen der Varietäten erfordert allerdings auch eine hohe Expertise der Lehrkräfte in zumindest einer dialektalen oder regionalsprachlichen Ausprägung. Aufgrund der rückläufigen Sprecherzahlen der Dialekte würde sich an dieser Stelle ebenfalls eine entsprechende Wissensvermittlung in der Regionalsprache im Rahmen der Lehrausbildung anbieten. Dies wiederum steht in einem direkten Abhängigkeitsverhältnis zum Ausbildungs- und Einsatzort der Lehrkräfte. So verfügen Lehrkräfte, je nachdem, ob sich der Ausbildungs- beziehungsweise der Unterrichtsort im Inland, also in Deutschland, Österreich oder der Schweiz, oder aber im Ausland befindet, über sehr unterschiedliche Ausbildungssituationen, sowie Lehrmaterialien und Lehr-/Lernvoraussetzungen (vgl. Boss 2005: 546). Die unterschiedlichen Lehrvoraussetzungen im Hinblick auf den Umgang mit sprachlichen Varietäten werden daher im nachfolgenden Kapitel näher betrachtet.

3.2 Die Rolle der Lehr-/Lernvoraussetzungen für das Thematisieren von Varietäten im DaF-Unterricht

Die im vorherigen Kapitel genannten Lernvoraussetzungen führen zu der Frage nach dem Beginn des Thematisierens sprachlicher Varietäten. Ab welchem Sprachniveau sollten Varietäten und Plurizentrismus im DaF-Unterricht thematisiert werden? Um diese Frage beantworten zu können, empfiehlt es sich zunächst einmal festzulegen, zu welchem Zweck die Varietäten in den Unterricht eingebunden werden sollen. Neben einer Art dienender Funktion im Landeskunde-, aber auch im Sprachunterricht selbst, anhand derer beispielsweise in sehr begrenztem Rahmen auf das Vorhandensein verschiedener Sprachregister hingewiesen werden kann, stellen die Varietäten einen Themenbereich für sich dar, den Lehrkräfte mit ihren Lernenden eingehend behandeln könnten (vgl. Muhr 1996: 199). Muhr argumentiert, dass

> [...] die Vermittlung der Sprachvariation im DaF-Unterricht bis zur Mittelstufe primär eine Angelegenheit der rezeptiven Kompetenz ist und erst dann die aktive Sprachbeherrschung verschiedener Aspekte der nationalen Varianten beginnt. (1996:199)

Diese Betrachtungsweise entspricht auch der von Studer (2002: 120), der sich in seiner Einschätzung stark an den Niveaustufen des Europäischen Referenzrahmens orientiert hat. Obwohl die Beschreibungen der Niveaustufen ihrer eigenen Einleitung zufolge nur in begrenztem Rahmen auf den Aspekt soziolinguistischer Kompetenzen eingehen (vgl. Europarat 2001: Kap. 5.2.2), sind dennoch einige Vorgaben hierzu zu finden. So wird für das Niveau B2 postuliert: „Kann Beziehungen zu Muttersprachlern aufrechterhalten, ohne sie unfreiwillig zu belustigen, zu irritieren oder sie zu veranlassen, sich anders zu verhalten als bei Muttersprachlern" (ebd. 2001: 122f). Diese Beschreibung setzt eindeutig voraus, dass Lernende über gewisse Grundkenntnisse zum Thema Varietäten verfügen müssen, denn andernfalls würde dies vermutlich dazu führen, dass Muttersprachler sich mit ihnen nicht wie mit anderen Muttersprachlern in der Umgangssprache zu unterhalten, sondern eher in Standarddeutsch zu verfallen, um ihnen die Kommunikation zu erleichtern. Folglich müsste bereits auf Niveau B1 eine erste Sensibilisierung der Lernenden für Varietäten des Deutschen stattgefunden haben, sodass diese erkannt und zumindest ansatzweise verstanden werden können. Der Aspekt des Verstehens wiederum gleicht der Annahme Muhrs, dass Varietäten zunächst nur auf rezeptiver Ebene begegnet werden kann (1996: 199). Auf den Niveaustufen A1 beziehungsweise A2 bietet sich dies (noch) nicht wirklich an, da es bei Lernenden aufgrund seiner Komplexität vermutlich schnell zur Überforderung gereichen würde. Diese Annahme wird auch durch die Richtlinien des Europäischen Referenzrahmens im Bereich der interaktiven Aktivitäten und Strategien untermauert. Diese thematisieren Varietäten sogar erst ab dem Niveau C2 (vgl. Europarat 2001: 80). Dort heißt es wörtlich: „Kann im Detail verstehen [...], muss jedoch manchmal Einzelheiten bestätigen lassen, besonders wenn mit wenig vertrautem Akzent gesprochen wird (Europarat 2001: 80). Eine intensive und aktive Auseinandersetzung der Lernenden mit Varietäten des Deutschen erfolgt demnach erst ab einer hohen Niveaustufe. Studer spricht an dieser Stelle auch von dem Herausbilden einer „Wahrnehmungstoleranz gegenüber den Varietäten des Deutschen" (2002: 119). Diese Wahrnehmungstoleranz baut auf der zunächst rezeptiven Auseinandersetzung der Lernenden auf den Niveaustufen A1/A2 auf und führt im Laufe des Fremdspracherwerbs zu einer immer differenzierteren Wahrnehmung der Standardsprache und ihrer Variationen. Diese ermöglicht es den Lernenden, nicht nur zu erkennen, ob es sich um das Standarddeutsche oder einer seiner Variationen handelt, sondern auch darauf reagieren zu können und mit dem sprechenden Gegenüber kommunizieren und interagieren zu können.

Doch nicht nur die individuellen Lernvoraussetzungen der Lernenden spielen bei der Entscheidung, ob und wann Varietäten im DaF-Unterricht thematisiert werden sollen, eine Rolle. Ob DaF im Ausland oder im deutschsprachigen Raum unterrichtet wird, wirkt sich ebenfalls auf das Interesse und die Motivation der Lernenden im Bereich der sprachlichen Varietäten und damit auf die Entscheidung für oder gegen die Behandlung dieses Themas im DaF-Unterricht aus. So ist die Zweckmäßigkeit und der damit verbundene Motivationsfaktor bei Lernenden im Inland womöglich höher, da diese in ihrem alltäglichen Leben mit der Umgangssprache konfrontiert werden, während diese für Lernende ein eher abstraktes Wissen darstellt, da ihnen die gesprochene Alltagssprache Deutsch im Ausland eher seltener – möglicherweise jedoch im Arbeitsalltag – begegnet. Also hat auch der Unterrichtsort einen großen Einfluss auf die Entscheidungsfindung. Während Lernende an einem Unterrichtsort im deutschsprachigen Raum eine große Anzahl an Möglichkeiten haben, mit den verschiedenen Varietäten der deutschen Sprache in Kontakt zu kommen, wie beispielsweise durch die Alltagssprache oder die Medien, wie Radios, TV oder Internet, stellen das Lehrwerk und dazu gehörende Hörbeispiele „für Lernende im Ausland oft den einzigen Zugang zu regional gefärbter deutscher Umgangssprache" dar (Boss 2005: 547). Natürlich besteht in der heutigen Zeit auch für viele Lernende im Ausland die Möglichkeit, auf deutschsprachige Medien zuzugreifen, doch auch der Umgang mit diesen Medien will geschult sein. So bedürfen Lernende verschiedener Erschließungsstrategien, die ihnen den Umgang mit verschiedenen Arten von Materialien und Medien ermöglichen (vgl. Baßler/Spiekermann 2002: 32). An dieser Stelle wiederum spielt nicht zuletzt die Vor-beziehungsweise Ausbildung der Lehrkraft im Bereich der Medien, aber auch im Bereich des Umgangs mit Varietäten des Deutschen, eine tragende Rolle. Mangelt es an beidem, wie dies in

DaF-Kursen im Ausland leider noch oft der Fall zu sein scheint (vgl. Boss 2005: 547), bleibt Lehrkraft und Lernenden meist nur der Rückgriff auf das Lehrwerk und die darin enthaltenen Hörbeispiele. Da Lehrwerke also eine zentrale Rolle in der Vermittlung von Standardsprache, aber auch von Dialekten und dem Aspekt des Plurizentrismus einnehmen, wird im folgenden Kapitel analysiert, inwiefern diese sprachlichen Variationen bisher in Lehrwerke und Unterrichtsmaterialien Einzug gehalten haben und wie diese weiterhin optimiert werden könnten.

4 Dialekte und Plurizentrismus in DaF-Lehrwerken und Materialien

Die besondere Stellung von Lehrwerken und Zusatzmaterialien im DaF-Unterricht wird besonders anhand des Aspekts des Fremdsprachenerwerbs im Ausland deutlich. Wie bereits im vorherigen Kapitel erwähnt, sind Lehrkräfte und Lernende in ihrem Umgang mit Variationen des Deutschen zumeist stark abhängig von deren Repräsentation in Lehrwerken. Bisherige Untersuchungen von Lehrwerken haben gezeigt, dass gerade in den letzten Jahren vermehrt dialektal und regional geprägte Hörbeispiele in den Zusatzmaterialien der Lehrwerke zu finden sind. Die folgenden Beispiele bestehen zunächst aus Analysen aus dem Bereich der Lehrwerke auf Grundstufenniveau und anschließend werden einige Lehrwerke auf Mittelstufenniveau vorgestellt. Zuletzt wird kurz darauf eingegangen, wie sich die Situation der Lehrwerke in diesem Bereich seit Beginn der 2000er Jahre entwickelt hat.

Boss (2005) hat sich mit der Analyse von Lehrwerken auf dem Grundstufenniveau, die alle nach 1990 entstanden beziehungsweise in überarbeiteter Form publiziert wurden, auseinandergesetzt. Der Schwerpunkt ihrer Forschung lag hierbei auf der Thematisierung beziehungsweise Didaktisierung des Aspekts des Plurizentrismus in drei verschiedenen Lehrwerken. Bei ihrer Untersuchung der Lehrwerke *Themen neu* (Aufderstrasse et al. 1992)[6], *Stufen international* (Vorderwülbecke et al. 1996)[7] und *Moment mal!* (Gick et al. 1997)[8] ist sie zu dem Ergebnis gekommen, dass *Moment Mal!* im Vergleich zu den beiden anderen genannten Lehrwerken hervorsticht. Nur in diesem Lehrwerk konnte sie eine authentische Einbeziehung des Schweizerdeutschen verzeichnen (Boss 2005: 553). Sie kritisiert an den anderen beiden Lehrwerken besonders, dass Schweizerdeutsch sehr stereotypisch und klischeehaft dargestellt wird, so spricht sie wörtlich von der Darstellung der Schweizerdeutschsprechenden als „urwüchsige und für Lernende wohl eher befremdende Dialektsprecher" (ebd. 2005: 553). Im Gegensatz hierzu hebt sie hervor, dass *Moment Mal!* unter den DaF-Lehrwerken für die Grundstufe generell eine Ausnahme im Hinblick auf „die Einbeziehung aller sprachlichen Varietäten" darstellt (ebd. 2005: 553).

Baßler und Spiekermann haben im Zuge ihrer Forschungen Mittelstufenlehrwerke der 1990er Jahre im Hinblick auf deren Einbeziehung von regionalen Varietäten des Deutschen untersucht

---

6 Aufderstrasse, H./Bock, H./Gerdes, M. (1992): *Themen neu. Lehrwerk für Deutsch als Fremdsprache.* Kursbuch. München: Hueber.
7 Voderwülbecke, A./Vorderwülbecke, K. (1996): *Stufen international. Kursbuch.* Stuttgart: Klett.
8 Gick, C. (1997): *Moment Mal!. Lehrwerk für Deutsch als Fremdsprache.* München: Langenscheidt.

(2002: 31ff). Sie sind dabei zu dem Ergebnis gekommen, dass Lehrwerke wie etwa *em* (Perlmann-Balme et al. 1997)[9], *Unterwegs* (Bahlmann et al. 1998)[10] oder *Sprachkurs Deutsch* (Häussermann et al. 1992)[11] bereits Züge der regionalen Varietäten aufweisen. So finden sich in allen drei Lehrwerken einige, wenn auch wenige, Hörbeispiele in Form von Rundfunkbeiträgen, Interviews mit realen Personen (Muttersprachlern) oder etwa Verkehrsmeldungen. Neben der Tatsache, dass nur wenige authentische Hörbeispiele vorhanden sind, wird von Baßler/Spiekermann vor allem kritisiert, dass die vorhandenen Beiträge nur die regionale Varietät des Bairischen behandeln und, dass selbst dieses in einer Art „abgeschwächten Form" repräsentiert ist (2002: 32). Zudem bezieht sich die Kritik Baßler/Spiekermanns auch auf die Tatsache, dass nichtbundesdeutsche Variationen, wie das Schweizerdeutsche oder das Deutsche Österreichs, gänzlich unerwähnt bleiben. Diese unizentrische Herangehensweise der Verfassenden der Lehrwerke entbehrt jeglicher Einbeziehung der Richtlinien der damaligen Mittelstufenprüfung Deutsch. Im Zuge dieser Prüfung war es durchaus möglich, dass Lernende mit Hörbeispielen in Schweizerdeutsch oder Österreichdeutsch konfrontiert werden (ebd. 2002: 32).

Wie anhand der Untersuchungen von Boss (2005), Baßler/Spiekermann (2002) und anderer ersichtlich wird, war die Anzahl der Lehrwerke, die sich in den 1990er Jahren mit dem Aspekt der Varietätenvielfalt des Deutschen auseinandergesetzt haben, noch eher gering. Obwohl mittlerweile vermehrt regionale Varietäten, besonders dialektal gefärbter Natur in Lehrwerken thematisiert werden, wie beispielsweise *Berliner Platz* 1 (Lemcke et al. 2002)[12], *Tangram Aktuell* (Dallapiazza et al. 2004)[13] oder *Aussichten* (Swerlowa et al. 2009)[14], findet man noch immer nur eine sehr geringe Menge an Hörbeispielen aus dem schweizer- oder österreichdeutschen Sprachraum in DaF-Lehrwerken vor. Auch heute werden diese plurizentrischen Aspekte eher in Lehrwerken, die speziell für Deutschlernende in der Schweiz beziehungsweise in Österreich konzipiert wurden, behandelt (vgl. Hägi 2006: 128). Insgesamt also haben sprachliche Varietäten, wie Regiolekte und Dialekte neben der Standardsprache Deutsch bereits einen fest etablierten Platz in den meisten modernen Lehrwerken. Zukünftig könnten allerdings das Schweizerdeutsche und das Deutsche Österreichs noch intensiver in die Lehrwerke einbezogen werden, um Lernenden ein möglichst authentisches Bild des deutschen Sprachraumes zu vermitteln (vgl. ebd. 2006: 129).

9 Perlmann-Balme, M./Schwalb, S. (1997): *em. Kursbuch.* München: Hueber.
10 Bahlmann, C./Breindl-Hiller, E./Dräxler, H.D./Ende, K./Storch, G. (1998): *Unterwegs. Kursbuch.* Berlin u.a.: Langenscheidt.
11 Häussermann, U. (1992): *Sprachkurs Deutsch.* Frankfurt a.M.: Moritz Diesterweg-Sauerländer.
12 Lemcke, C./Rohrmann, L./Scherling, T. (2002): *Berliner Platz 1. Kurs- und Arbeitsbuch.* Berlin u.a.: Langenscheidt.
13 Dallapiazza, R.-M./Schönherr, Til/Jan, Eduard von (2004*): Tangram Aktuell 1. Kurs- und Arbeitsbuch.* München: Hueber.
14 Swerlowa, O./Ros-El Hosni, L.M./Reinke, K./Klötzer, S. (2009): *Aussichten A1.1. Kurs- und Arbeitsbuch.* Stuttgart: Klett.

5 Schluss

Die vorangegangenen Kapitel haben gezeigt, dass das Thematisieren von Dialekten und Plurizentrismus ein unumgängliches Mittel zur Vermittlung eines authentischen und handlungsorientierten Sprachgebrauchs darstellt. Mithilfe von entsprechenden Lehrwerken und Materialien wird versucht, nach und nach das ganze Potenzial der Varietätenvielfalt des Deutschen auszuschöpfen.

Doch auch hier stößt man zuweilen auf Grenzen, wie das vorangehende Kapitel gezeigt hat. Diese Grenzen entstehen vor allem durch eine unzureichende Vorbereitung der Lehrkräfte auf den Umgang mit der Varietätenvielfalt im Sprachunterricht. Hensel (2000: 37f), sowie Baßler/Spiekermann (2001: 34f) und später auch Boss (2005: 553) empfehlen daher zukünftig bei der Aus- und Fortbildung von DaF-Lehrkräften den nationalen und regionalen Varietäten mehr Aufmerksamkeit zu schenken und darüber hinaus so genanntes „strukturelles" Wissen zu vermitteln (vgl. Baßler/Spiekermann 2001: 34f). Laut Baßler/Spiekermann beinhaltet dieses strukturelle Wissen beispielsweise Hintergrundinformationen zu den sprachlichen Varietäten aus dem soziolinguistischen Bereich. Hierbei dürfte für Lernende von besonderem Interesse sein, in welchen „unterschiedlichen Domänen" (Boss 2005: 554) beispielsweise Standardsprache und Dialekte zum Tragen kommen. Zudem konnte im Rahmen dieser Arbeit nur in begrenztem Maße den historischen, soziokulturellen und sprachpolitischen Faktoren nachgegangen werden, die erst zur Entwicklung des plurizentrischen Ansatzes geführt haben. Für eine eingehendere Erforschung des plurizentrischen Ansatzes mit einem Schwerpunkt auf den schweizerdeutschen Sprachraum empfiehlt sich die Konsultation von Clalüna und Clalüna/Fischer/Hirschfeld[15]. Für den österreichdeutschen Sprachraum existieren meiner Kenntnis nach bis heute keine vergleichbaren Erhebungen. Folglich bietet dieses Forschungsgebiet noch sehr viele Möglichkeiten für zukünftige Studien.

Auch im Bereich der fachdidaktischen Handbücher mangelt es bislang noch an praktischen Tipps und Handlungsempfehlungen für den Umgang mit Sprachvariationen im DaF-Unterricht (vgl. Baßler/Spiekermann 2001: 32). Der von Hensel (2000) thematisierte Faktor der Unsicherheit von Lehrkräften in diesem Bereich könnte durch vormals genannte Verbesserungen in Aus-und Weiterbildung, sowie das Reichen von Handbüchern reduziert werden, da Lehrkräfte folglich nicht nur über die nötigen Kenntnisse verfügen würden, sondern auch jederzeit ein Werk zur Verfügung hätten, das sie im Falle von Unsicherheit konsultieren könnten.

Eine weitere, interessante Option stellt meiner Meinung nach auch der Einsatz des Internets dar. Schon heute bedienen sich Lehrkräfte und Lernende einer Vielzahl an Materialien, die sie durch das Internet – oftmals gar kostenfrei – erwerben können. Zukünftig könnte im Bereich der

---

[15] Clalüna, M. (2003): „Integrationsleitbilder und Deutschunterricht in der deutschen Schweiz", *Deutsch als Zweitsprache 1*, 14-17.

Clalüna, M. / Fischer, R. / Hirschfeld, U. (2007): „Alles unter einem D-A-CH-L?", *FS Deutsch 37*, 38-45.

Varietätenvielfalt vor allem das Angebot an von Muttersprachlern konzipierten Hörspielen, *Podcasts* und audiovisuellen Datentypen noch weiter ausgebaut werden. So würden Lernende auf interessante, unterhaltsame, dem Trend der Zeit entsprechende und authentische Art und Weise auf den Facettenreichtum der deutschen Sprache aufmerksam gemacht werden.

6 Literaturverzeichnis

AMMON, U. (1997): "Die nationalen Varietäten des Deutschen im Unterricht von Deutsch als Fremdsprache", *JB Deutsch als Fremdsprache 23*, München: Iudicium, S. 141-158.

BAßLER, H. / Spiekermann, H. (2002): "Regionale Varietäten des Deutschen im Unterricht." In: *Deutsch als Fremdsprache (II)* 1/02, S. 31-35.

BARBOUR, S./Stevenson, P. (1998): *Variation im Deutschen. Soziolinguistische Perspektiven.* Berlin/New York: DeGruyter.

BOSS, B. (2005): »Plurizentrischer DaF-Unterricht, aber wie? Die Sprache der Deutschschweiz in drei Lehrwerken für die Grundstufe." In: *Info DaF 32/6*, S. 546–555.

BUßMANN, H. (Hrsg.) (⁴2008): *Lexikon der Sprachwissenschaft.* Stuttgart: Kröner.

DURRELL, M. (1995): "Sprachliche Variation als Kommunikationsbarriere." In: Popp, H. (Hrsg.): *Deutsch als Fremdsprache: an den Quellen eines Faches.* München: Iudicium, S. 417-430.

EUROPARAT (2001): *Gemeinsamer europäischer Referenzrahmen für Sprachen: Lernen, lehren und beurteilen.* Herausgegeben vom Goethe-Institut, Inter Nationes, der KMK, der EDK und dem BMBWK. Berlin.

GLÜCK, H. (Hrsg.) (⁴2010): *Metzler Lexikon Sprache.* Stuttgart/Weimar: Metzler.

GLÜCK, H. /Sauer, W. (Hrsg.) (²1997): *Gegenwartsdeutsch..* Stuttgart/Weimar: Metzler.

HÄGI, S. (2006): *Nationale Varietäten im Unterricht Deutsch als Fremdsprache*, Frankfurt/M.: Lang.

HENSEL, S. (2000): "Welches Deutsch sollen wir lehren?" In: *Zielsprache Deutsch 31/1*, S. 31-39.

KLOSS, H. (²1978): *Die Entwicklung neuer germanischer Kultursprachen seit 1800.* Düsseldorf: Schwann.

KÖNIG, W. (1997): "Phonetisch-phonologische Regionalismen in der deutschen Standardsprache. Konsequenzen für den Unterricht 'Deutsch als Fremdsprache'." In: Stickel, G. (Hrsg.): *Varietäten des Deutschen. Regional- und Umgangssprachen.* Berlin: De Gruyter, S. 246-270.

LÖFFLER, H. (³2005): *Germanistische Soziolinguistik.* Berlin: E. Schmidt.

MUHR, R. (1996): "Das Deutsche als plurizentrische Sprache: Zur Sprachrealität der deutschsprachigen Länder und zum Normbegriff im DaF-Unterricht." In: *Die Unterrichtspraxis 29/2*, S. 137-146.

POPLACK, S. (1980): "Sometimes I'll start a sentence in Spanish y termino en español: Toward a typology of code-switching." In: *Linguistics 1980*, Volume 18, issue 7/8, 581–618.

RADATZ, I. (2013): „Regionalsprache und Minderheitensprache". In: Herling et. al. (Hrsg): *Weltsprache Spanisch: Variation, Soziolinguistik und geographische Verbreitung des Spanischen. Handbuch für das Studium der Hispanistik. Romanische Sprachen und ihre Didaktik 45.* Stuttgart: Ibidem.

STUDER, T. (2002): "Dialekte im DaF-Unterricht? Ja, aber... Konturen eines Konzepts für den Aufbau einer rezeptiven Varietätenkompetenz." In: *Linguistik online 10/1.* Web. (URL < http://www.linguistik-online.de/10_02/studer.pdf > letzter Zugriff: 21.07.2016).

7 Abbildungsverzeichnis

Abbildung 1: Soziolinguistisches Varietätenmodell

LÖFFLER, H. (³2005): *Germanistische Soziolinguistik.* Berlin: E. Schmidt, S. 79.